Widmung

Ich widme dieses Buch all den Menschen, die mich in den letzten zwanzig Jahren zum Schreiben dieser Zeilen inspiriert haben, und danke ihnen für die vielen schönen Momente, die ich mit ihnen erleben durfte.

Auch allen Lesern, die für sich selbst in diesen Zeilen wertvolle Gedanken finden, widme ich dieses Buch und hoffe, dass das Lesen Freude bereitet, Anregungen gibt, Trost, Mut und Hoffnung spendet.

Ich danke auch meinem Lektor Uli für seine hilfreichen Anregungen bei der Durchsicht des Manuskript..

Leben

Liebe

Schmerz

Gedichte, Gedanken, Geschichten
von Reti Reu

Bibliografische Information der Deutschen Nationalbibliothek

Die Deutsche Nationalbibliothek verzeichnet diese Publikation in der Deutschen Nationalbibliografie; detaillierte bibliografische Daten sind im Internet über www.dnb.de abrufbar

© 2018 Reti Reu
Skizzen / Illustrationen von Reti Reu

https://reti-reu.de

Herstellung und Verlag: BoD – Books on Demand, Norderstedt
ISBN 978-3-746-02418-9

Inhalt

Gedanken zum Glück

Es hat mir jemand ein „hoffentlich glückliches Weihnachten" gewünscht.

Das hat mir zu denken gegeben. Was ist Glück? Woran kann ich für mich erkennen, glücklich zu sein?

Wenn wir gut 2.000 Jahre zurückschauen, sehen wir Maria und Josef, die glücklich sind, in einer sehr bescheidenen Behausung ihren Sohn Jesus zur Welt gebracht zu haben. Hirten wie Gelehrte sind glücklich, weil sie dieses Kind sehen dürfen.

Für jeden Menschen ist Glück etwas sehr persönliches, jeder Mensch hat eigene Vorstellungen von Glück.

Mein Glück mag recht bescheiden klingen.
Sicher, ich könnte gesünder sein - aber auch viel kränker.

Ich habe eine warme, trockene Wohnung, Kleidung für jedes Wetter und jeden Anlass und muss mich nicht sorgen, woher ich Essen oder frisches Wasser bekomme. Für viele Menschen dieser Welt ist das leider nicht selbstverständlich. Insofern kann ich mich glücklich fühlen, auch wenn ich mir nicht jeden Wunsch erfüllen kann.

Weder im Haus, noch draußen muss ich Angst haben, von Gewehrkugeln oder Bomben getroffen zu werden. Ich habe das Glück, in einem recht friedlichen Land zu leben.

Auch wenn ich mir wünsche, meine Kinder öfter sehen zu können - fünf Kinder zu haben, die gesund sind, denen es weitgehend gut geht, ist keine Selbstverständlichkeit. Selbst mit diesem Glück bin ich gesegnet.

Und über allem bin ich mit dem Glück gesegnet, mein Vertrauen selbst in schlechtesten Zeiten in Gott setzen zu dürfen. Er hilft mir auf wundersame Weise auch in leidvollen Stunden weiter, stellt mir Menschen zur Seite, die mir helfen, zeigt mir neue Aufgaben, die ich bewältigen kann.

Ich wünsche auch Dir Glück, vor allem aber, Dein eigenes Glück zu erkennen.

4

Natur

Genuss

Natur ist der Stein, der am Wegesrand liegt;
Natur ist der Baum, der im Winde sich wiegt;
Natur ist der Wald, der sich tief verschlingt;
Natur ist der Bach, der in seinem Bette rinnt.

Natur sind Vögel, die lustig zwitschern;
Natur sind Mädchen, die heimlich kichern;
Natur sind auch die scheuen Rehe;
Natur ist sogar die krächzende Krähe.

Natur ist der wogende, reißende Fluss;
Natur ist der Jünglinge erster Kuss;
Natur sind Blumen auf grünen Wiesen;
Natur hilft uns das Leben genießen.

Lächle!

Arbeitsreich wird wieder der Tag,
hält bereit so manche Plag.

Doch schau die schönen Dinge im Leben,
sieh die Kinder dir ihre Liebe geben,
sieh die Sonne, wenn sie lacht,
sieh den Regen, der's wachsen macht,
sieh den Vogel, der in den Lüften schwebt,
sieh den Baum, der so friedlich da steht,
sieh die Blume, die fröhlich bunt blüht,
sieh das Herz, das für dich glüht.

Begegne dem Tag mit lächelndem Gesicht,
dann wird er für dich wie ein schönes Gedicht!

Sommer

Ich mag es, wenn die Sonne lacht,
sie hat uns jetzt den Sommer gebracht.
Es ist schön, sie zu seh'n, zu genießen,
zu erleben, wie die Blumen sprießen.
Jedes Jahr wieder Grund zur Freude,
stimmt heiter die Sonne alle Leute.

Auch heute werd' ich, wenn die Arbeit getan,
ab nach draußen, die Inliner an,
mir selbst etwas Zeit der Ruhe schenken,
und träumen, lächelnd an Dich denken.
Denn glücklich und mit frischer Kraft,
wird morgen wieder neu geschafft!

Herbst

Das Wetter ist schlecht,
die Sonne ist weg,
der Sommer lebt in der Erinnerung,
kommt dieses Jahr nicht mehr in Schwung.

Doch in der Natur ist's immer schön,
man muss sie sehn und richtig versteh'n.
Sie lebt nach ihren eig'nen Gesetzen,
die wir viel zu oft verletzen.

Achten wir ihren natürlichen Gang!
Sie weiß am besten, wo der Weg geht lang.
Am Ende macht sie alles gut,
trau ihr einfach und hab' Mut!

Winter

Wunderweiße Winterwelt,
Sonne sich dazu gesellt,
tanzende Flocken,
Kinder frohlocken,
mit Dir
sie mir
erst recht gefällt.

Kinder

Fünf Kinder

Fünf Kinder springen hier herum,
fünf Kinder, ich find´s gar nicht dumm,
fünf Kinder, das heißt munt´res Leben,
fünf Kinder könn'n ´ne Menge geben,
fünf Kinder – da brauchen wir viel Mumm.

Sie machen Spaß, sie geben Mut,
sie zaubern Lust'ges aus dem Hut.
Immer fällt ihnen was Neues ein,
manchmal kann's auch was Dummes sein,
doch nach kurzem Ärger tut´s Lachen gut.

Fünf Kinder sind manchmal ungezogen,
doch wenn der erste Ärger ist verflogen,
erzählen wir schmunzelnd ´ne neue Geschichte,
schreiben wieder lustige Gedichte,
und lassen die Kinder gern weitertoben.

Fünf Kinder rauben den letzten Nerv,
fünf Kinder bereiten manchen Schmerz,
fünf Kinder brauchen keine Hiebe,
fünf Kinder brauchen ganz viel Liebe,
Fünf Kinder haben unser ganzes Herz.

Darum liebe ich Dich mein Schatz,
wir schufen uns den richt´gen Platz,
um fünf Kinder gemeinsam großzuziehen,
sie auch im Ärger immer zu lieben,
und geben uns Kraft mit jedem Satz.

Niemand

Wo ist die letzte Banane geblieben?
Wer hat an die Wand geschrieben?
Wo sind meine neuen Schuhe?
Gebt Ihr mal ein bisschen Ruhe?

Wer hat meinen Füller versteckt?
Wer hat den Kuchen abgeleckt?
Uns`re Kinder scheint das nicht zu stören,
„Ich war´s nicht" – kriegen wir nur zu hören

Also war´s Keiner.
Denn irgendeiner
muss den Unsinn ja machen,
all die kleinen, dummen Sachen.

Nur – wer kennt das ungezogene Kind,
das sich „Keiner" oder „Niemand" nennt,
es nascht, macht Unordnung und Dreck,
räumt seine Sachen auch nie weg.

Ich habe es noch nie geseh'n,
hat meine Frau es mir verschwieg'n ?
Aber nein – sie kennt auch nicht seinen Winkel,
Kinder – bringt Licht ins tiefe Dunkel.

Kommt „Keiner" oder „Niemand" aus seinem Versteck,
wird auch für ihn der Tisch gedeckt.

Leben ohne Liebe

Was fehlt

Ein Sonntag geht zu Ende,
ein Tag wie viele andere.
Schönes war zu sehen,
man hat was unternommen.

Was fehlt?

Eine Woche ist zu Ende,
eine Woche wie viele andere.
Es gab viel Arbeit,
man hat viel erlebt.

Was fehlt?

Jeder Tag beginnt und endet,
Tage – einer wie der andere.
Es gibt Gutes, es gibt Böses,
es ist egal.

Was fehlt?

Ohne Liebe ist ein Tag auch schön,
aber er ist fad.
Ohne Liebe kann man viel erleben,
aber nicht teilen.

Ohne Liebe kann man leben,
aber nur mit der halben Freude.

Vermissen

Ich vermisse Dich!

Deine lustigen Smilies,
Deine kurzen Sätze,
Deine süßen Antworten.
Ich vermisse Dich.

Deine wunderbare Stimme,
Dein Lächeln, wie es durchs Telefon klingt,
Deine Art zu erzählen – und zuzuhören.
Ich vermisse Dich.

Deinen herrlichen Duft,
Deine Zärtlichkeit,
Deine Anwesenheit,

ich vermisse **Dich**!

Mut

Ein großes Haus

Ich würde Dir gern etwas Großes schenken,
doch bin ich arm wie eine Kirchenmaus,
drum versprech' ich Dir, an Dich zu denken
und schenk Dir dieses symbolische Haus:

Sieben Zimmer sind darin,
Jedes hat sein'n eigenen Sinn.

Im ersten ist Stille,
Zeit zum ausruh'n für Dich.
Im zweiten ist Kraft,
ein helles Licht.
Im Dritten ist ein gedeckter Tisch, mit leckeren Speisen,
von jemandem, der seine Liebe Dir möchte beweisen.
Im vierten steht ein starker Baum,
er trotzt Wind, Wetter und starkem Sturm.

Im fünften Raum, da ist das Klo,
das gehört halt im Haus dazu.
Im sechsten blühen Blumen auf einer Wiese
kannst reiten, Dich fühlen im Paradiese,
trittst ein in den siebten, leicht wie der Wind,
findest Du dort ein glückliches Kind.

Schau gut hin,
denn das bist Du selbst,
wenn Dir das Leid von den Schultern fällt.

Und wenn Du nun fragst,
„Wo wohnt mein Glück?",
dann geh *langsam* durch die Zimmer zurück.

Nimm Dir viel Zeit um sie neu zu entdecken,
weil sich darin viele schöne Momente verstecken.

Fesseln des Lebens

Die Fesseln des Lebens sind Dir anzumerken,
vergeblich hast Du versucht sie abzuwerfen,
oft kamen stattdessen neue hinzu,
musstest funktionieren, warst nicht Du.

Die Enttäuschung ist Dir nur anzuseh'n,
wenn man Dich kennt – von außen bist'schön,
bist frisch, frech und lustig zugleich,
bist schön und kokett, das ist Dein Reich.
Jeder kann sehen die hübsche Fassade,
sieht nicht Dein Herz, Narbe für Narbe.
Viele Männer wollen gar nicht wissen, wie es Dir geht,
seh'n Dich und fühl'n nur, was in ihrer Hose sich regt.

Die schöne Fassade, die gehört auch zu Dir,
doch dann kommt die Mauer, die schier

unüberwindlich, hoch, dick und fest erscheint,
hinter der Du oft heimlich bitter weinst,
die auf Dein Herz wirft große Schatten,
welches leidet unter schweren, steinernen Platten.

Ich bin mir sicher, dass für Dich die Sonne aufgeht,
dass da irgendwann plötzlich eine Leiter steht,
über die jemand zu Dir hinüber steigt,
die Schmerzen Deiner Narben heilt, Dein Herz befreit,
der mit Dir zusammen reißt ein die Mauer,
der Dich erlöst von all Deiner Trauer.

Dein Herz und Dein Lachen werden zusammengehören,
mit ihm kannst Du Dein Leben in Liebe führen.
Auch Deine Kinder werden Dein Glück ganz tief spüren,
weil Du mit Zuversicht in die Zukunft siehst,
und Dich endlich *wirklich glücklich* fühlst.

Die Prinzessin im Turm

Es war einmal eine holde Prinzessin,
rein vom Gemüt, gebildet und schön.
Sie lebte glücklich mit ihrem Vater, dem König,
doch zum ganz großen Glück fehlte Ihr noch ein wenig.

Eines Tages brauchte der König einen neuen Diener am Hof,
auf einen treuen und gebildeten Untertan fiel das Los.
Doch kaum auf dem Hofe war der junge Mann,
verfiel die Prinzessin unversehn's seinem Bann.
Gar heimlich trafen sich im Dunkel die beiden,
Bald wuchs ob des Geheimnis' der Liebe ihr Leiden.
So fassten sie Mut und sagten's dem König,
der aber scherte sich um der Liebe wenig.
Das Glück seiner Tochter schien nicht wichtig zu sein,
nur ein Prinz aus edlem Geschlecht sollte sie frei'n.
Mit tausend Gulden schickte er den Diener fort,
an einen weiten, fremden, geheimen Ort,

und warnte, sollt er ihn je wieder sehn,
wäre der Kerker noch zu gut für ihn.

Die Prinzessin ward traurig und grämte sich,
keine Fröhlichkeit war mehr in ihrem Gesicht,
kein Prinz, den der König ihr bestellte,
ihr nur einen Moment die Miene erhellte,
bis sie beschloss allein zu sein,
zog in den höchsten Turm hinein,
schloss die höchste Tür hinter sich
und weinte nur noch bitterlich.
Speis und Trank stellte man ihr vor die Tür,
sie wurden kaum angerührt von ihr.

So lebte sie dort schon manches Jahr,
als plötzlich ein Vogel in ihrem Fenster war.
Sie hörte ihn nur und schickte ihn weg,
doch saß er tags drauf am selben Fleck.
Kurz sah die Prinzessin zu ihm auf
und scheuchte ihn wieder zum Fenster hinaus.

Am nächsten Tag war er wieder dort,
sie jagte ihn dieses Mal nicht mehr fort.
Einen Brief sie im Schnabel des Vogels entdeckt,
sie nimmt ihn ihm ab, wirft ihn unter das Bett.
Ab da sie den Vogel nie wiedersieht
und den Brief unterm Bett schon bald vergisst.

Der König ist mittlerweile alt und gram,
seine Tage gezählt, und er fragt sich, wann
seine Tochter ihm endlich kann verzeihen,
wird endlich vom Turm heruntersteigen.
Den Diener hat er längst wieder in Diensten gestellt,
ihn sogar zu seinem Nachfolger erwählt.
Seiner Tochter hatte er es ihm Brief geschrieben.

Sie wäre bestimmt nicht im Turm geblieben,
hätte sie sich einmal doch getraut,
und in den Brief hineingeschaut.

(Neue) Gefühle entdecken

Liebe wagen

Ich möchte Dir gegenüberstehen,
Dir tief in die Augen bis ins Herze sehen.
Ich möchte Gefühle darin entdecken,
und meine auch nicht mehr verstecken.

Etwas Großes kann vielleicht beginnen,
wo wir zwei können viel für uns gewinnen:
Unser beider Lebensglück,
gemeinsam, für immer, Schritt für Schritt.

Ich möchte es gerne mit Dir wagen,
möchte einfach „Ja" zu Dir sagen,
wünsche mir das wir, über die Zeit,
spüren, dass die Liebe ewig bleibt.

Wenn wir immer nur am Telefon reden,
können Gefühle zerredet werden.
Lass' uns zusammen sein, schweigen und spüren,
ob uns die Gefühle zusammenführen.

Niemand kann in die Zukunft seh'n.
Werden wir uns ewig versteh'n?
Doch wer's nicht probiert, wird's niemals wissen,
wird sein Glück nur ewig vermissen.

Chance

Liebe auf schwierigen Wegen,
Liebe muss einfach leben,
ist die Liebe tot,
leidet das Leben Not.

Drum lass uns neue Liebe finden,
mit Freude in ein neues Leben verschwinden,
wo die Liebe allzeit lebt,
wo das Herz vor Glück erbebt.

Der Schritt ist schwer, doch denk nicht zurück,
gönn Dir vom Leben das wichtigste Stück!
Denn keine Liebe bringt Bitterkeit,
vertreibt mit der Zeit Deine Heiterkeit,
und irgendwann denkst Du ‚Ich lebe wie tot',
Dein Leben läuft vollends aus dem Lot

Jetzt ist die Chance auf ein neues Leben,
auf schönen, gemeinsamen, aufregenden Wegen!

Zeit

Schnelle Liebe,
schnelle Zeit.

Lange Liebe,
braucht ihre Zeit.

Wenn sie entsteht,
wenn sie Laufen lernt,
wenn man sie sich wünscht,
sich nach der wahren Liebe sehnt,

Dann lernt man sich erst richtig kenn´n,
kann wirklich versteh'n,
den anderen sehn,

wird langsam fühlen
was richtig, was falsch.

Spürt dann irgendwann,
vielleicht,
dass man weder zurück möchte noch kann,
dass man nur noch in die Zukunft schauen will,
für ein niemals endendes,
gemeinsames Spiel,

erst dann fühlt man endlich die Sicherheit,
dass die Liebe wirklich bleibt.

Traum

Wenn zwei Menschen sich kennen lernen,
sich mögen und füreinander schwärmen,
dann wollen Sie für sich nur Glück,
denken vorwärts, nicht zurück.

Doch sollten sie dennoch ganz genau schau'n:
Ist der Partner nur ein Traum?
Was vom Anderen erwarte ich?
Seh' ich klar, oder betrüg ich mich?

Wir sind beide alt genug,
zu wissen was ist Selbstbetrug.
Vom Schreiben, vom Reden, vom Gefühl: Ich mag Dich!
Doch was ist, wenn ich erst kenne Dich richtig?

Wird dann mein Traum vielleicht verschwinden,
weil wir uns glücklich zusammenfinden,
weil wir uns nur in die Augen schau'n
und nicht mehr brauchen einen Traum?

Oder werden wir merken, wir sind zu weit weg
von unseren Träumen, ein zu weites Stück,
merken, wir können zwar Freunde sein,
bleiben aber lieber erst mal allein?

Oder werden wir uns verlieben,
eine gemeinsame Zukunft schmieden?
Werden die Gefühle auch dann halten,
wenn der Alltag beginnt zu walten?

Ich wünsche mir, dass Du nicht bleibst ein Traum,
dass wir uns schon bald in die Augen schau'n,
dass die Gefühle in uns weiterwachsen,
weil wir merken, dass wir zusammenpassen.

Ich wünsche mir, dass wir fühlen endloses Glück,
gehen das Leben gemeinsam, auf einem Weg,
dass wir uns immer wieder lächelnd anschau'n,
und ohne Worte sagen können: *Du bist mein wahrer Traum!*

Der erste Kuss

Ich beginne, Dich mit meinen Armen zu umfassen,
Du kannst Dich bei mir ruhig fallen lassen.
Du willst etwas sagen, doch ich sag zärtlich „Sei still",
weil ich den Moment nicht zerstören will.
Du lehnst dich an mich, spürst meine Kraft,
die in Dir Vertrauen schafft.

So wirst Du ruhig und schließt die Augen,
kannst was passiert, noch nicht richtig glauben,
schließt auch mich in Deine Arme,
spürst meine feste, aber weiche Wärme,
hörst wie mein Herz ruft Deinen Namen,
willst immer bleib'n in meinen Armen.

Meine Hand streichelt zärtlich über Dein Haar,
drückt Deinen Kopf sacht' an mich, ganz nah.
Du vergisst Deine Angst, lässt das Denken sein,

möchtest für immer bei mir sein,
möchtest Dich von mir führen lassen,
blind vertrauend in dunkelsten Gassen.

Ich werde Dich ehren, Dich lieben und schätzen,
ich will Dich vor allen Gefahren beschützen,
ich werde Dein Freund und Dein Ratgeber sein,
denn Du bist für mich der Sonnenschein!
Ich werde Dich tun lassen, was *Du* tun willst,
ich werde Dich fühlen lassen, was *Du* fühlst,
ich werde Dich leiten, wo Du mich brauchst,
ich werd' Dich begleiten, so wie Du mich auch.
Meine Gedanken sind immer bei Dir,
denn im Herzen bist Du immer bei mir!
Selbst wenn Du Ruhe brauchst und Distanz,
erlebst Du von mir volle Akzeptanz.

Alles das spürst Du in diesem Moment;
der nie mehr ein Ende kennt.

Wir schau'n uns in die Augen und als ob es so muss,
geben wir uns den ersten Kuss.

Unser Leben

Unser Leben soll fröhlich sein,
es soll *unser* Leben sein!
Ich möchte es mit Dir genießen,
niemand soll zwischen uns stehen.
Ich möchte frei mit Dir sein,
was Andere denken ist nicht wichtig,
wir entscheiden, was uns Spaß macht, was nicht!

Ich möchte Dich lieben, so wie Du mich,
und Du sollst *Dich* lieben, genauso wie mich!
Du sollst *fühlen* was Du tust;
was wir erleben, soll Dich befrei'n.
Ich möchte mit Dir alte Grenzen einreißen, aber vorsichtig sein.
Probieren was passiert, wenn wir uns weniger beschränken,
neugierig neue Wege gehen. Nicht immer nur in altem Denken,
gemeinsam, zusammen,
mit ehrlichen Gefühlen.

Denn erst wenn Du fühlst, was schön ist für Dich,

dass das, was Du tust, ist richtig für Dich,

vielleicht sogar wichtig für Dein inneres Ich -

dann bist Du frei zu entscheiden, was Du willst, was nicht.

Was Du möchtest, sollst Du wollen für *Dich*;

tu es bitte *niemals* nur für mich,

quäle Dich nicht, denn Liebe quält nicht.

Ich wünsche mir, Dir irgendwann sagen zu können:

"Ich liebe Dich",

genauso glücklich, wie Du mir zeigen kannst,

Du liebst mich.

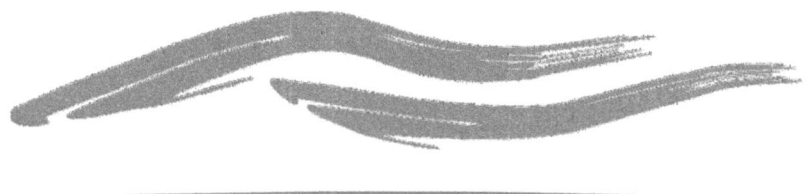

Im Park

Eine Liebeserklärung, an sie – und an Magdeburg

Ich öffne die Tür meines Autos. Ein frischer Duft, eine leichte Brise umgibt mich. Eine wohltuende Ruhe – fast Stille. Vögel zwitschern munter. Man kann sie kaum sehen, aber sie sind überall. In den Bäumen, die im Wind wehen. Bestimmt auch zwischen dem Espenlaub, das raschelt, so wie Espenlaub halt rascheln muss, wenn es windig ist. Es ist mir nie aufgefallen, dass da eine Espe steht. Ich kenne mich nicht so genau aus mit Bäumen. Na gut – die normalen Bäume kenne ich schon, aber ich hätte nie gewusst, dass es eine Espe ist, wenn ich sie mir angesehen hätte. Jetzt höre ich es. Und ich sehe es. Es sieht schön aus, wie das Laub im Wind raschelt, wie es hellgrün in der Sonne glänzt, fast silbrig leuchtend.

Fahrradreifen surren über den Asphalt. Ich kann sie deutlich hören. Sie passen in diese Stille. Fahrräder gehören hierher, hier fahren immer Fahrräder. Und Skater, Inlineskater. Ich stehe auf, schließe die Autotür hinter mir. Ich versuche sie leise zu schließen. Das Zuklappen der Autotür gehört nicht in die Stille, aber ich kann sie ja nicht offenstehen lassen. Ich schließe sie ab, gehe zum Kofferraum, schließe ihn auf, nehme meine Inliner heraus und setze mich auf die Kante. Warum setze ich mich heute auf die Kante? In der letzten Zeit habe ich sie immer im Stehen angezogen. Heute setze ich mich hin. Wahrscheinlich passt das besser zu der Stille.

Die Kofferraumklappe schnappt zu. Sie ist auch zu laut. Aber es stört mich nicht. Ich beginne zu fahren. Ich versuche, gleichmäßig zu fahren, das passt in die Stille. Es gelingt mir nicht so gut. Ich fahre zwar schon länger, bin aber kein besonders guter Skater. Muss ich auch nicht. Ich fahre, weil es mir Spaß macht. Vielleicht sieht es doof aus, wie ich fahre. Aber es ist mir egal. Ich denke an sie, ob sie lachen würde, wenn sie mich so sieht. Dann soll sie lachen, dann lache ich mit. Es ist mir egal, ob sie lacht. Wenn sie mich wirklich mag, ist es ihr auch egal, wie es aussieht. Ich denke oft an sie. Was ich auch tue, wo ich auch bin, ich denke an sie.

Dann lächle ich meistens. Ob man mir das ansieht? Das ist mir auch egal. Ich weiß, dass ich lächle, und sie wird es bestimmt auch sehen, wenn sie mich wirklich mag.

Ich fahre auf geteerten Wegen zwischen Bäumen und frisch gemähten Wiesen. Es ist ein Stadtpark. Auf manchen Wiesen hat man das Heu schon zu Ballen gebunden. Was macht man mit dem Heu? Vielleicht ist das für die Tiere im Zoo, denke ich. Ich weiß es nicht, es ist mir auch egal. Ich denke daran, ob sie mit mir Inliner fahren, oder mich auf dem Fahrrad begleiten würde. Es wäre schön, wenn sie da wäre. Eigentlich ist sie da, ich fühle sie ganz nah, denn ich denke ja an sie. Und lächle.

Es begegnen mir ein paar Radfahrer. Auch ein paar Skater. Ein junges Paar packt eine Decke für ein Picknick aus. Am Abend ist hier nicht so viel los. Es ist ein schöner Abend im Frühsommer, die Sonne scheint angenehm warm – aber nicht zu heiß. Es ist das ideale Wetter zum Skaten. Gleich kommt die Brücke. Eine schöne Fußgängerbrücke über die alte Elbe. Ich fahre gerne über sie. In der Mitte halte ich, wie meistens, eigentlich fast immer. Ich schaue auf das Wehr. Das Wasser strömt schnell durch die Mitte, da wo das Wehr unterbrochen ist, bricht sich schäumend an den davorliegenden Steinen. Sind die Wassermassen zu stark? Heute stehen in dem reißenden Lauf keine Fischreiher. Ich beobachte gerne die Fischreiher, wie das Wasser um ihre staksigen Beine spült, wie sie nach den Fischen schnappen. Heute fliegen sie nur darüber hinweg, wieder zurück auf die kleine Sandbank mitten im Fluss. Ich lehne mich auf das Geländer, schließe die Augen und lausche dem rauschenden Fluss. Ich denke wieder, es wäre schön, wenn sie jetzt hier wäre. Ich glaube, dass es ihr gefallen würde, hier, und bei mir. Ich möchte es ihr gerne zeigen.

Ich dreh mich um, stakse an das Geländer gegenüber. Die Abendsonne glänzt am wolkenfreien Himmel. Sie strahlt genau die Stille aus, die ich hier fühle, die in mir ist. Ich beobachte stille Angler. Im Sommer sonnen sich auf dem Sandstrand bestimmt viele Menschen. Ob sie auch baden gehen? Das Wasser soll ja inzwischen viel besser sein. Ich weiß nicht, ob ich hier baden würde. Es ist mir egal. Ich muss nicht hier schwimmen.

Die Brücke hinunter fahre ich immer sehr vorsichtig. Unten kommt ein kurzer Ascheweg – vielleicht ein Meter lang. Ich habe Angst davor, einen größeren Stein zu treffen und zu stürzen. Ich bin noch nie gestürzt, zumindest nicht beim Skaten. Wahrscheinlich hatte ich einfach nur Glück. Außerdem fahre ich nicht so schnell. Es soll ja Spaß machen. Wie würde sie wohl fahren?

Noch einmal nehme ich den Duft des frisch geschnittenen Heus auf. Ich mag diesen Duft. Ich habe zwar Heuschnupfen, aber glücklicherweise bin ich gegen Heu nicht allergisch. Komisch, wieso sagt man dann Heuschnupfen? Egal. Ich denke wieder an sie. Gleich bin ich am Auto. Es ist so schön, dass ich noch eine Runde fahre. Wieder denke ich an sie, genieße die frische Parkluft. Ich bin einfach glücklich.

Große Liebe

Für Dich

Ich bin da,
für *Dich*.

Du darfst Dich fallen lassen,
Du darfst mir vertrauen,
Du darfst mir Deine Gefühle schenken,
für *Dich*.

Nimm Dein ganzes Gefühl zusammen,
sei mal „unvernünftig",
mach was Dein Herz will,
für *Dich*.

Dein Verstand ist wichtig,
fast so wichtig wie Dein Herz.

Mische es richtig,
für *Dich*.

Im Arm

Ich nehme Dich einfach in den Arm.
Schließ Deine Augen und fühle,
dass Du Dich bei mir fallen lassen kannst.

Vergiss mal für einen Moment
all die Verantwortung, die Du trägst,
und höre tief in Dich hinein,
       spüre Deine Gefühle.

Wunderbar

Es ist gescheh'n vor gut einem Jahr,
da traf ich eine Frau so wunderbar,
sie war so toll, sie war so schön,
so was habe ich selten geseh'n.
Sie war intelligent auch noch dazu,
und leidenschaftlich zärtlich, das war der Clou.
Ich hab' mich verliebt auf den ersten Blick;
ihr widerfuhr das gleiche Geschick.

Das war aber nicht nur vor einem Jahr,
heut' ist sie immer noch so wunderbar,
ich liebe sie jetzt noch mehr, viel mehr,
auch sie zeigt mir ihre große Liebe so sehr,
ich will mit ihr leben mein ganzes Leben.
Sie lässt mich wieder und wieder erbeben,
vor Liebe, Leidenschaft und Lust
lächelt ihn weg, wenn ich hab Frust.

Ich bin so gerne für sie da
und liebe sie, Tag und Jahr.

Nicht nur ein Wort

Liebe ist nicht nur ein Wort,
Liebe, die lebt immerfort.
In Freud und Leid,
gestern und heut,
morgen, übermorgen und so weiter,
erst Liebe macht unser Leben heiter.
Sie lebt trotz bei Stress, Kummer, Streit,
sie lebt, ob man nah ist oder weit.

Liebe ist keine Gelegenheit,
Liebe, die heißt Beständigkeit.
Sie bedeutet Zärtlichkeit,
sie bedeutet große Freud –
liebe fest und Du wirst sehn,
die Welt ist für uns wunderschön.

Sehen und Fühlen

Wenn ich Dich kann lang anseh'n
könnt' die Welt um mich vergeh'n.

Wenn ich Dich in meinen Armen fühle,
spür ich beruhigende, liebevolle Stille.

JA

Wenn ich Dich sehe,
ich erst verstehe,
was Liebe ist.
Du tust mir gut,
Du machst mir Mut,
dass Du mich nie vergisst.

Ich lieb Dich so sehr,
will nichts anderes mehr.
Die Frau die zu mir passt,
auf die ist jederzeit Verlass:
Du bist es,
JA – ich will es.

Reue

Wem ist das noch nicht passiert. Ein unbedachtes Wort, ein wenig Frust der Arbeit zu Hause abgelassen, wo er gar nicht hingehört, schon hat man die Partnerin oder den Partner tief verletzt.

Ich spreche nicht von schlagenden Männern oder fremdgehenden Frauen, sondern von den Dingen, die man selber bereut, sie gesagt oder getan zu haben, oder auch *wie* man sie gesagt oder getan hat; wenn man sich selber nicht mehr versteht, und am liebsten die Zeit zurückdrehen möchte.

Sehnsucht

Ich möchte nicht nur Dich berühren,
nicht nur Deine Kleidung spüren,
möchte nicht nur Deine Haut fühlen,
und in meinen Gedanken wühlen,
will nicht nur Dir meine Liebe zeigen,
auch nicht nur Gedichte schreiben.

    Ich entschuldige mich für das, was ich tat,
    weil's ohne Bedacht und egoistisch war.
    Es war verletzend, war gemein,
    ich wünsche mir selber, es nie wieder zu sein.

Ich weiß, ich habe Dich schwer verletzt,
Du fühltest Dich hilflos mir ausgesetzt.
Aber ich liebe Dich, und das ist wahr!
Du weißt es und ich weiß es, das ist uns klar.

Ich wünsch mir ein kleines Zeichen von Dir.
Zeig oder sage „Bleib bei mir",
nimm mich einfach mal kurz in den Arm,
oder nimm meine Hand,
        dann wird´s meinem Herzen endlich wieder warm.

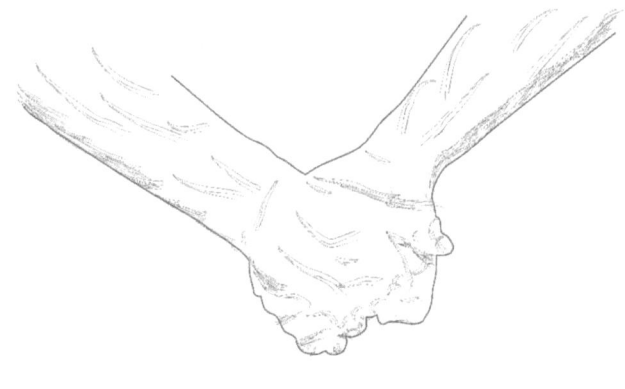

Ausgerastet

Ich sitze hier,
bin traurig,
bin einsam,
fühl mich unverstanden,
fühl mich ungeliebt.

>Ich bin ausgerastet.
>Warum nur?
>Was steckt dahinter?
>Will das keiner verstehen?
>Verstehe ich mich selbst?

Ich möchte *Glück* schenken!
Viel Glück!
Zu viel Glück?
Ist das Verletzung?
Ist das Gefängnis?

Ich lerne,
langsam,
bei Dir gerne.
Setz mich bitte nicht unter Druck,
versuche auch mich zu verstehen.

Ich liebe Dich!
Egal was passiert,
es ist einfach so,
auch wenn ich Dich verletzt habe,
auch wenn Du mich zu ignorieren scheinst.

Du bist eine tolle Frau!
Du bist intelligent
und hübsch
und sexy
und kreativ.

Du kannst intensiv lieben,
aber auch hassen.
Du kannst sehr einfühlsam sein,
aber auch kalt wie ein Stein.
Du passt in keine Schublade rein.

Ich will Dich auch nicht aus einer Schublade ziehen,
ich will Dich viel lieber frei fliegen sehen.
Auch wenn Du mir manchmal aus dem Blickfeld fliegst,
wissen, dass Du immer wieder zurückkommst,

weil Du mich liebst!

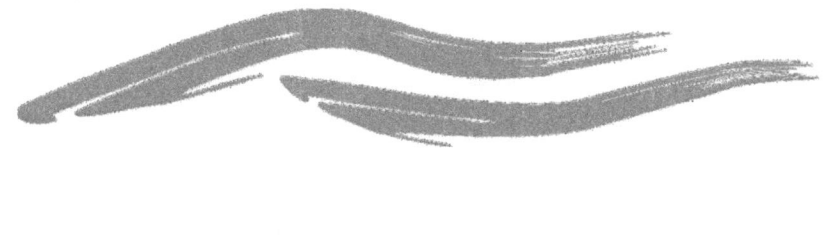

Trennung (wider Willen)

Wenn Du tief schaust in Dein Herz hinein,
Dann, glaube ich, siehst Du nicht nur Deins,
sondern siehst darin auch immer noch meins.
Und schau ich tief in meins hinein,
hab ich das Gefühl, da ist auch Deins.

Doch was ich seh', kann nicht so bleiben,
zwei Herzen taktlos miteinander leiden,
Herzen mit tiefrot blutenden Verletzungen,
Herzen mit heiß brennenden Verätzungen,
wie sie sich einsam durch Probleme schinden,
wie sie sich schweigend um zu Sagendes winden,
Herzen, die, obwohl sie sie wissen, die Lösung nicht kennen,
Herzen, die zueinander gewandt auseinander rennen,
weil sie durch stumme Liebe aneinander hängen.

Liebe ohne Zukunft

Wir sehnen uns nach Zärtlichkeit,
nach einer schönen gemeinsamen Zeit.
Wir wollen nicht mehr alleine sein,
möchten uns spüren, streiten, verzeih'n.

Da ist so viel was uns verbindet,
weswegen man zusammen findet.
Da ist die Sehnsucht nach zärtlicher Liebe,
von welcher ich viel lieber schriebe.

Doch sind wir nicht mehr jung und klein,
wir müssen auch vernünftig sein,
müssen uns fragen und genau prüfen,
ob wir können ein Leben genießen,
in dem es so viele Unterschiede gibt.
Denn es geht nicht nur darum, ob man liebt,

es geht darum, ob Liebe halten kann,
nicht nur jetzt, sondern auch irgendwann.
Wir müssen die Dinge seh'n, die uns trennen,
nicht einfach vor der Realität wegrennen.
Wenn wir sehen, uns trennt zu viel,
wird es schnell ein gefährliches Spiel.
Bevor wir uns irgendwann dann verletzen,
weil wir so viel in den Anderen setzen,
merken aber, dass die Liebe stirbt,
dass aus dem großen Traum nichts wird,

lass uns lieber rechtzeitig falsche Träume begraben,
uns ehrlich Glück wünschen –
          und auf den richtigen Partner warten.

Zum Abschluss

Wenn Du denkst, Du kennst mich, kennst Du mich nicht wirklich.
Schau mir in die Augen, entschlüssle mein Gesicht,
und wenn Du denkst, Du siehst was – sicher sei Dir nicht.
Ich zeig zwar was ich denke, nur fühlen kann ich's nicht.

Nur wenn Du meine Gefühle erkennst,
die wahren, nicht nur die eines Gespenst,
Dann kennst Du mich besser, als ich es je tat.

Wenn Du das schaffst, dann wünsche ich mir Deinen Rat.